Impressum
Verlag: BABADADA GmbH, Nedderfeld 112 , 22529 Hamburg
Geschäftsführer / Verlagsleitung: Harald Hof
Druck: Books on Demand GmbH, In de Tarpen 42, 22848 Norderstedt

Imprint
Publisher: BABADADA GmbH, Nedderfeld 112 , 22529 Hamburg, Germany
Managing Director / Publishing direction: Harald Hof
Print: Books on Demand GmbH, In de Tarpen 42, 22848 Norderstedt

# colegio

## دبستان

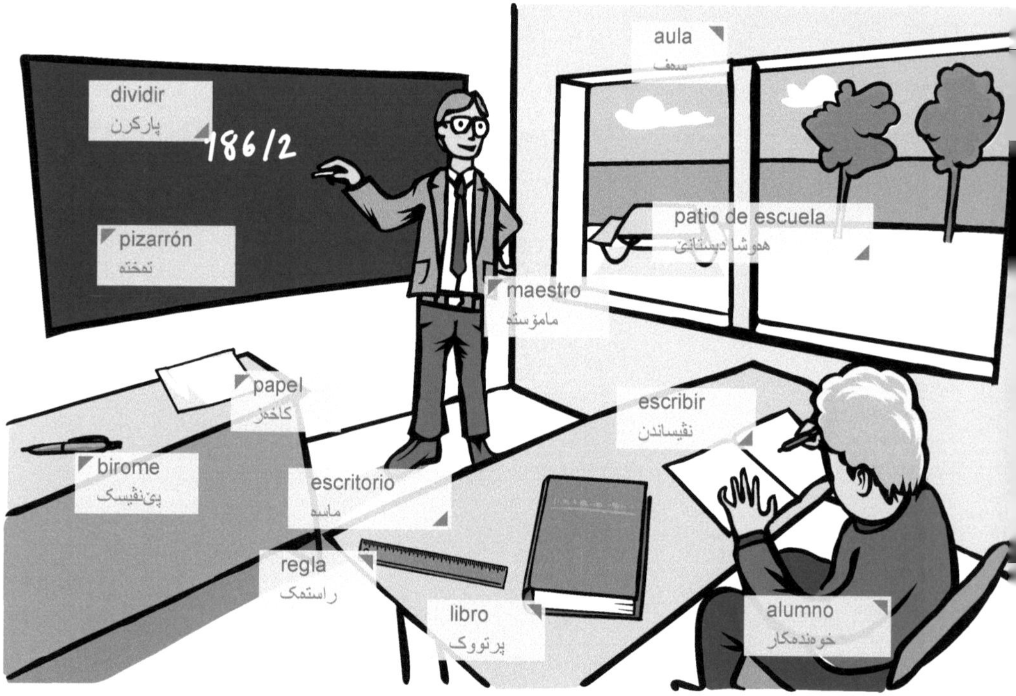

aula
سەف
dividir
پارکرن
186/2
pizarrón
تەختە
patio de escuela
هەوشا دبستانێ
maestro
مامۆستە
papel
کاخەز
escribir
نڤیساندن
birome
پێنڤیسک
escritorio
ماسە
regla
راستەک
libro
پرتووک
alumno
خوەندەکار


mochila

چەوال

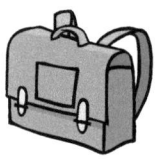

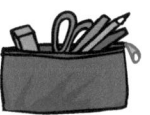

caja de lápices

قووتی نڤیستۆک

lápiz

قەلەمرساس

sacapuntas

نڤیستۆک تووژکر

goma (de borrar)

ژێبر

bloc de dibujo

نڤیسکا نیگارێ

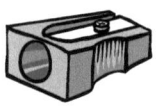

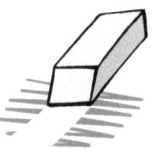

dibujo

نیگار

pincel

فرچیا رەنگئ

caja de pinturas

قووتی رەنگ

tijera

مەقەس

pegamento

لەزاق

cuaderno de ejercicios

پەرتووکا فێربوون

tarea

وەزیفا مالئ

número

هەژمار

sumar

زێدەمکرن

restar

دەرخستن

multiplicar

زێدەمکرن

calcular

هەسباندن

letra

تیپ

abecedario

ئالفابە

palabra

پەیڤ

texto

نڤیسێ

leer

خواندن

tiza

گەچ

lección

دەرس

cuaderno de clase

قەیدکرن

examen

نیمتیهان

certificado

شەهادە

uniforme escolar

کنجا دیبستانێ

educación

پەروەردەهی

enciclopedia

زانستنامە

universidad

زانینگە

microscopio

میکرۆسکووپ

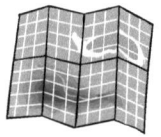

mapa

خەریتە

tacho (de basura)

سەپێتا کاخەزێ

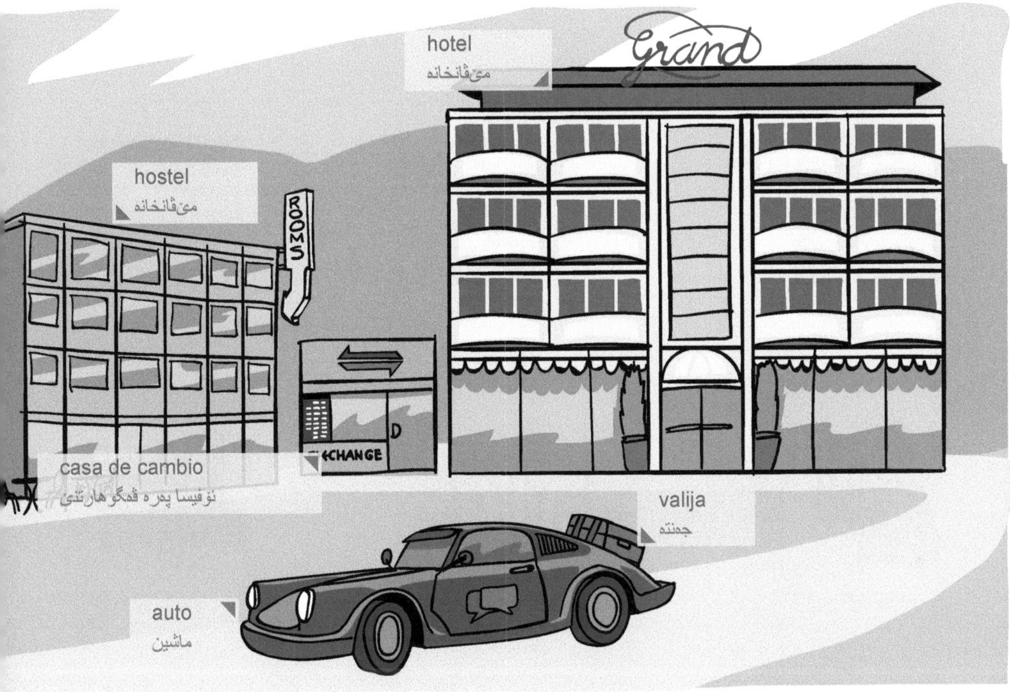

hotel
مێوانخانه

*Grand*

hostel
مێوانخانه

ROOMS

casa de cambio
نۆقیسا پهره قهگۆهارتنی

EXCHANGE

valija
جمدته

auto
ماشین

idioma

زمان

sí / no

بهلێ / نا

Está bien

باش

hola

سلاڤ

traductor

وهرگێڕا نڤیسکی

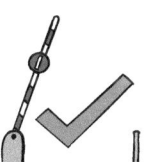

Gracias

سپاس

¿cuánto cuesta…?

بهايئ ... چ قاسدە؟

No entiendo

ئمز فام ناكم

problema

نارىشد

¡Buenas tardes!

ئئقاربـاش!

¡Buenos días!

سپیئدى باش!

¡Buenas noches!

شەڧ باش!

adiós

خاترئ ئد

dirección

نالى

equipaje

هوورموور

bolso

چەنتد

mochila

چەنتە پشتـ

invitado

مىقان

habitación

ئۆده

bolsa de dormir

جامە خدو

carpa

چادر

información turística

ناگاگیین گەرۆکان

playa

رەمخی ناقی

tarjeta de crédito

کارتی قەرزی

desayuno

ناشتن

almuerzo

فراقین

cena

شیڤ

pasaje

کارت

ascensor

ناسانسۆر

sello

پوول

frontera

تخووب

aduana

گومرک

embajada

بالیۆزخانە

visa

ڤیزا

pasaporte

پاسایۆرت

# transporte

## گوهازتن

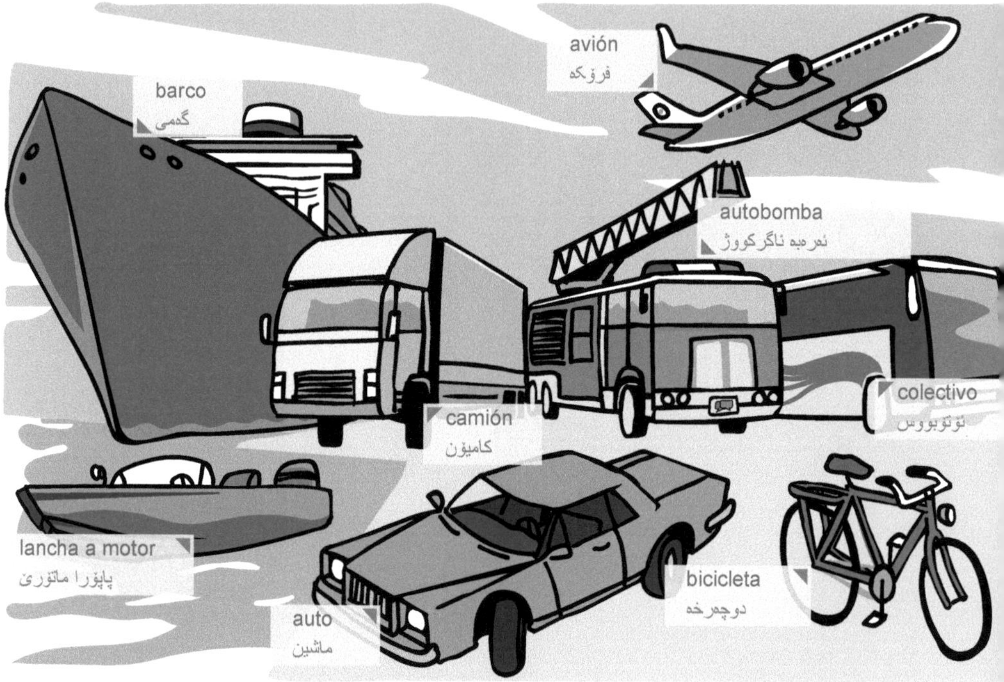
barco
گەمی
avión
فرۆکە
autobomba
ئەرەبە ئاگرکووژ
colectivo
ئۆتۆبووس
camión
کامیۆن
lancha a motor
پاپۆرا ماتۆری
auto
ماشین
bicicleta
دوچەرخە

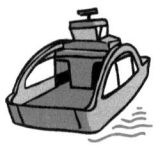

ferry

پاپۆر

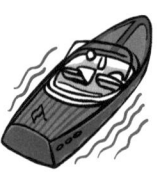

bote

پاپۆر

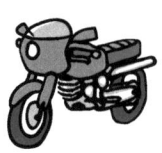

moto

مۆتۆرسیکلێت

patrullero

ترمبێلا پۆلیسێ

auto de carreras

ترمبێلا پێشبازیێ

auto de alquiler

ئەرەبە کرێکرنێ

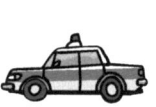

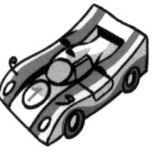

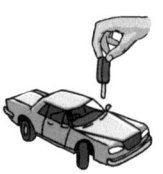

alquiler de autos

ماشین پەرڤەکرن

grúa

کامیۆنا کشاندنێ

camión de basura

کامیۆنا خولێ

motor

مۆتۆرسیکلێت

nafta

مازۆت

estación de servicio

ئیستەگەها بەنزینێ

señal de tránsito

تابلۆیا ترافیکێ

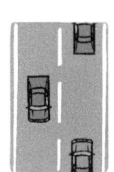

tránsito

هاتنووچوون

embotellamiento

ترافیک

estacionamiento

جهێ پارکێ

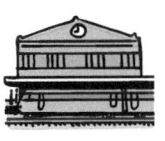

estación de tren

راوەستەگا ترێنێ

vías

رێچ

tren

ترێن

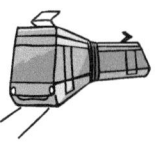

tranvía

ترێنێ کۆلانێ

vagón

نەرمبە

helicóptero

پایروک

aeropuerto

بالافرگهه

torre

برج

pasajero

مسافر

contenedor

قووتی

caja de cartón

قووتی

carretilla

گرگروک

canasta

سهلک

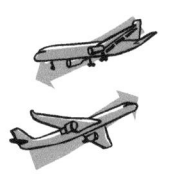

despegar / aterrizar

رابوون / نيشتن

## ciudad

## بازار

pueblo

گوند

centro de ciudad

نافهندا بازاری

casa

خانی

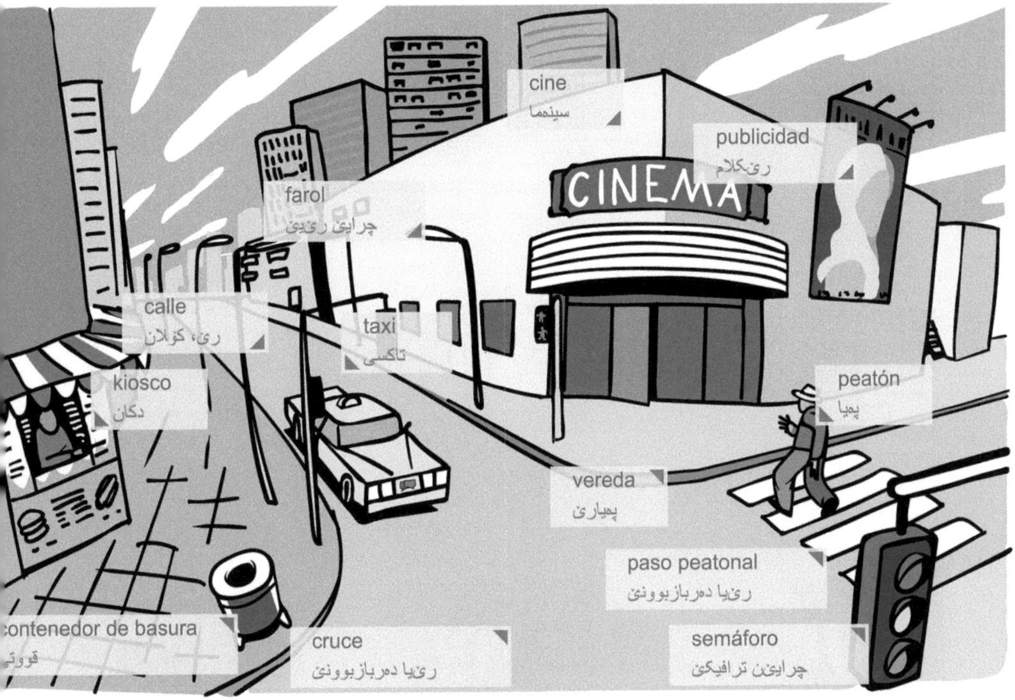

cine
سینەما

publicidad
ڕیکلام

farol
چرای ڕێگە

calle
ڕێ، کۆڵان

taxi
تاکسی

kiosco
دکان

peatón
پیا

vereda
پیاری

paso peatonal
ڕێیا دەربازبوونێ

contenedor de basura
قورتی

cruce
ڕێیا دەربازبوونێ

semáforo
چرایتن ترافیکێ

cabaña
.................
کۆخ

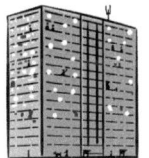

departamento
.................
خانی

estación de tren
.................
راوستمگا ترێنێ

municipalidad
.................
تەلارا شارەڤانی

museo
.................
موزەخانه

colegio
.................
دبستان

universidad

زانینگه

banco

بانک

hospital

نهخوشخانه

hotel

میوقانخانه

farmacia

دهرمانخانه

oficina

نوفیس

librería

کتیبفروشی

negocio

دکان

florería

گولفروش

supermercado

بازار

mercado

بازار

grandes tiendas

سوپرمارکهت

pescadería

ماسیفروش

centro comercial

ناقمندا کرین

puerto

بهندهر

parque

پارک

banco

سەكوو

puente

پڕ

escaleras

دەرنجە

subte

ژێر زەمینی

túnel

تووننل

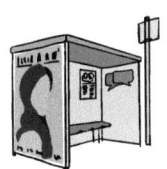

parada del colectivo

نیستگەها ئۆتۆبووس

bar

بار

restaurante

خوارنگە

buzón

سندووقا پۆستێ

letrero

نیشاندەركا رێیێ

parquímetro

مەترا پارکینگێ

zoológico

باخچا هەیوانان

pileta

هەوزا مەلەڤانی

mezquita

مزگەفت

granja

جوتگه

contaminación

لموتاندنا ده‌ردۆر

cementerio

گۆرستان

iglesia

كه‌نيسه

juegos infantiles

نه‌ردى له‌يستنى

templo

په‌رستگه

# paisaje

## ته‌بيعت

hoja
گه‌لا

poste indicador
نيشاندەركا رئ

camino
رئ

pradera
مه‌رگ

piedra
كه‌فر

excursionista
گه‌رۆك

árbol
دار

río
چه‌م

hierba
گيا

flor
كوليلك

valle

دۆڵ

montaña

گر

lago

گۆل

bosque

دارستان

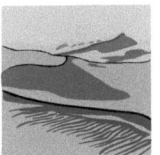

desierto

بیابان

volcán

ڤۆلکان

castillo

كەڵمە

arco iris

كەسكەسوور

champiñón

كفارك

palmera

دارقەسپ

mosquito

مخمخک

mosca

مێش

hormiga

مۆرى

abeja

هنگ

araña

پیرى

escarabajo

کێزک

rana

بۆق

ardilla

سمهۆر

erizo

ژیژۆوک

liebre

کهرگۆه

lechuza

پهپووک

pájaro

چۆلهک

cisne

قوو

jabalí

بهرازی کۆێی

ciervo

پهزکۆێی

alce

پهزکۆێی

presa

بهنداڤ

aerogenerador

توربینا با

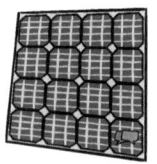

panel solar

پانهلا خۆرئ

clima

ناڤ و هموا

# restaurante

## خوارنگەه

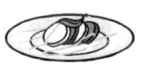

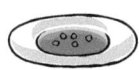

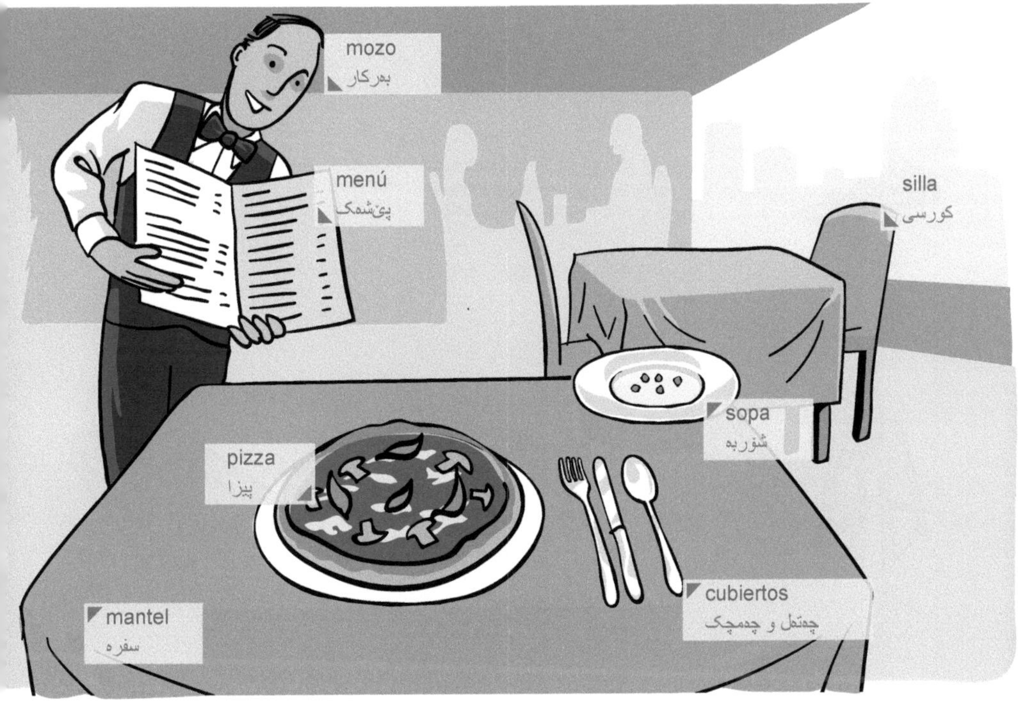

mozo
بەرکار
menú
پێشەک
silla
کورسی
sopa
شۆربە
pizza
پیزا
cubiertos
چەتەل و چەمچک
mantel
سفرە


entrada

خوارنا دەستپێک

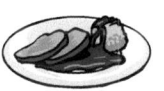

plato principal

خوارنا سەرەکی

postre

شێرانی

bebidas

ڤەخوارنان

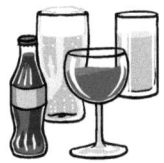

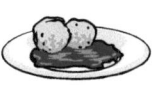

comida

خوارن

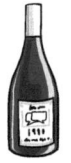

botella

جام

comida rápida

خوارنا لعز

comida callejera

خوارنا ریتی

tetera

چایدانک

azucarera

قووتی شهکری

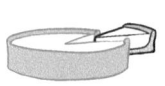

porción

بهش

cafetera expreso

مدکینا چیکرنئ نهسپرمسسؤ

sillita alta

کورسیا بلیند

cuenta

هدساب

bandeja

سیٔنی

cuchillo

کٔتٔر

tenedor

چهنتهل

cuchara

کهفٔچی

cucharita

کهفٔچیا چای

servilleta

پیٔشگر

vaso

قهددهه

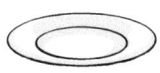

plato

کێفیت

plato hondo

بەرژۆش اکیفیت

plato

پیاڵە

salsa

چێنج

salero

خوێدانک

molinillo de pimienta

قووتی بیبار

vinagre

سرکێ

aceite

ڕۆون

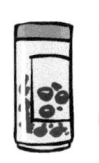

especias

بەهارات

kétchup

کەتچاپ

mostaza

موستارد

mayonesa

مایۆنێز

# supermercado

## بازار

oferta especial
پێشکێشێن تایبەت
FOR
cliente
مشتەری
lácteos
شیرەمەنی
fruta
فێکی
changuito
عەرەبە

BUTCHERS

carnicería

قەسابی

BAKERY

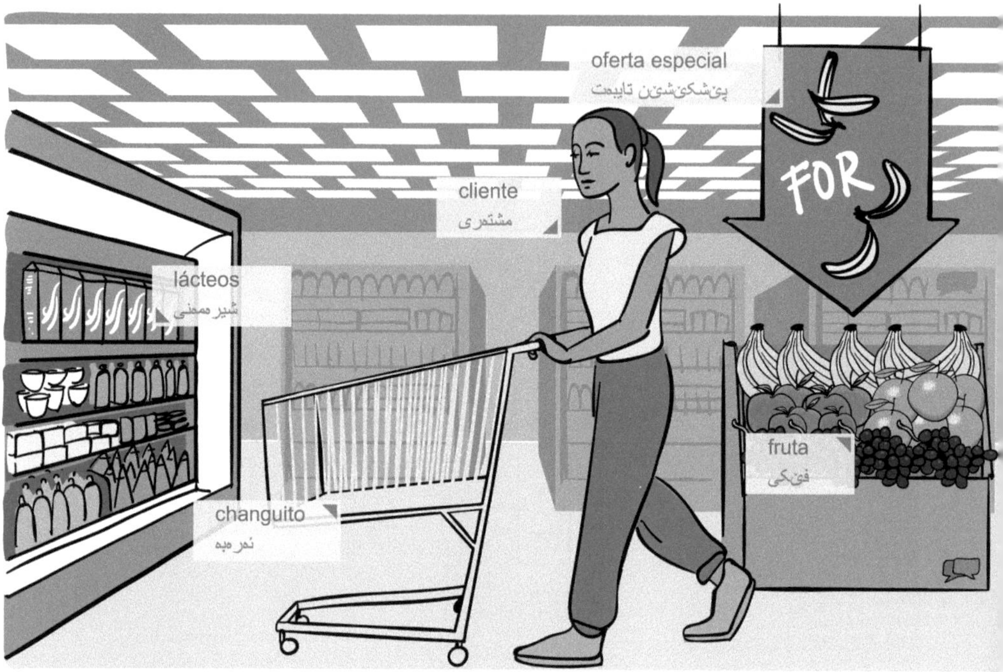

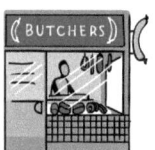

panadería

دکانا نانپێژ

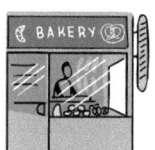

pesar

وەزن کرن

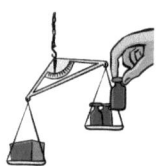

verduras

سەبزە

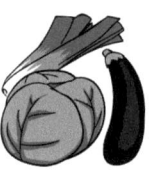

carne

گۆشت

alimentos congelados

خوارنێ جەمەدی

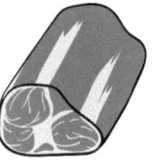

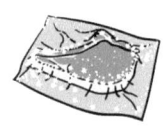

fiambres

گۆشتێ سار

alimentos enlatados

خوارنا پێلێن

detergente en polvo

خوبارێ پاقژکرنێ

golosinas

شرینی

electrodomésticos

بەرهەمێن ناڤخۆدیی

productos de limpieza

بەرهەمێن پاقژکرنێ

vendedora

فرۆشیار

caja

خەزنۆک

cajero

درافگر

lista de compras

لیستا کڕینێ

horario de atención

دەمێن قمکرى

billetera

جزدان

tarjeta de crédito

کارتێ قەرزى

cartera

چڤال

bolsa de plástico

چەنتە

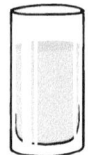

agua

ئاڤ

jugo

شەربەت

leche

شیر

bebida cola

کۆمر

vino

شەراب

cerveza

بیرا

alcohol

ئالکول

cacao

کاکۆ

té

چای

café

قەهوە

café expreso

ئەسپرەسسۆ

cappuccino

کاپۆچینۆ

banana

مؤز

manzana

سیٻ

naranja

پرتغالی

melón

گوندؤر

limón

لیمؤن

zanahoria

گیزر

ajo

سیر

bambú

قامر

cebolla

پیٲز

champiñón

قارچک

nueces

گویز

fideos

ٹٻیرہ

tallarines

سپاگێتتی

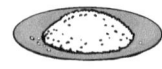

arroz

برنج

ensalada

سەلەتە

papas fritas

چیپس

papas fritas

پەتاتەیا براشتی

pizza

پیزا

hamburguesa

هامبورگەر

sándwich

نانۆک

churrasco

گۆشتی سێوویی بەرخی

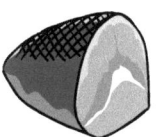

jamón

گۆشتی هشككری

salame

سالامی

salchicha

سۆسیس

pollo

مریشک

asado

بژارتن

pescado

ماسی

comida - خوارن

copos de avena

شۆربە بلوول

muesli

مووسلى

copos de maíz

کەرتێن گلگلان

harina

ئارد

medialuna

جرۆسسانت

pancito

سەموون

pan

نان

tostada

تۆست

galletitas

نانک

manteca

نۆێشک

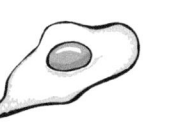

cuajada

ماست

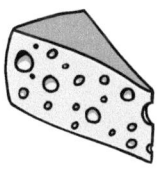

torta

کولیچه

huevo

هێک

huevo frito

هێکا قەلاندى

queso

پەنیر

helado

دؤندرمه

azúcar

شکمر

miel

هنگ‌گ

mermelada

مربا

pasta de chocolate

خامیا نووگات

curry

کوری

# granja
## جۆتگەه

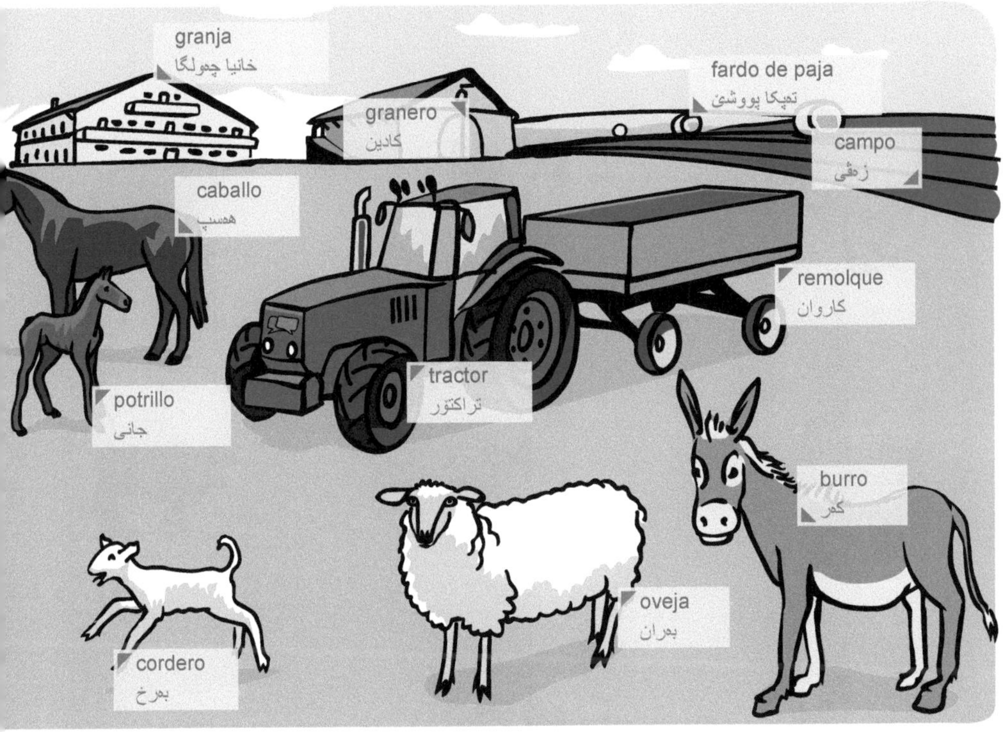
granja
خانیا چەولگا
fardo de paja
تەپکا پووشێ
granero
کادین
campo
زەڤی
caballo
هەسپ
remolque
کاروان
tractor
تراکتور
potrillo
جانی
burro
کەر
oveja
بەران
cordero
بەرخ

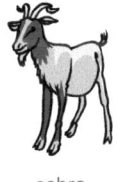

cabra

بزن

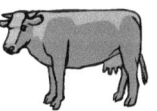

vaca

چێلەک

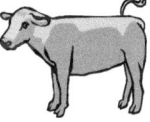

ternero

گۆلک

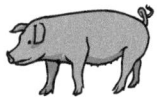

cerdo

بەراز

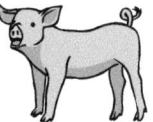

lechón

خنزیرک

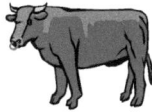

toro

بۆخە

ganso

قاز

pato

مراڤی

pollo

جووجک

gallina

مریشک

gallo

کەڵەشێر

rata

جرح

gato

کتک

ratón

مشک

buey

گا

perro

کووچک

cucha

خانیا کووچکی

manguera

خانی باخی

regadera

قووتیکا ناڤدانی

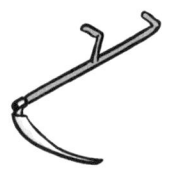

guadaña

شالووک

arado

گاسن

hoz

داس

azada

مەریوێر

horquilla

دارساپک

hacha

بڕ

carretilla

دەستگەرە

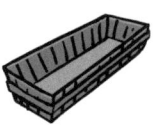

abrevadero

قووتی خوارنا جانداران

lechera

قووتی شیر

bolsa

تۆور

reja

چەپەر

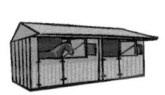

establo

ناخور

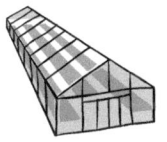

invernadero

خانا کۆلیلکان

suelo

ناخ

semilla

دەندک

fertilizador

پەیین

cosechadora

کۆمباین

cosechar

ز اد

cosecha

ز اد

batatas

پەتاتە

trigo

گەنم

soja

فاسۆلى

papa

پەتاتە

maíz

دەخل

semilla de colza

دەندک

árbol frutal

دارى فێکى

mandioca

ستیاۆی ین ئەردی

cereales

ز اد

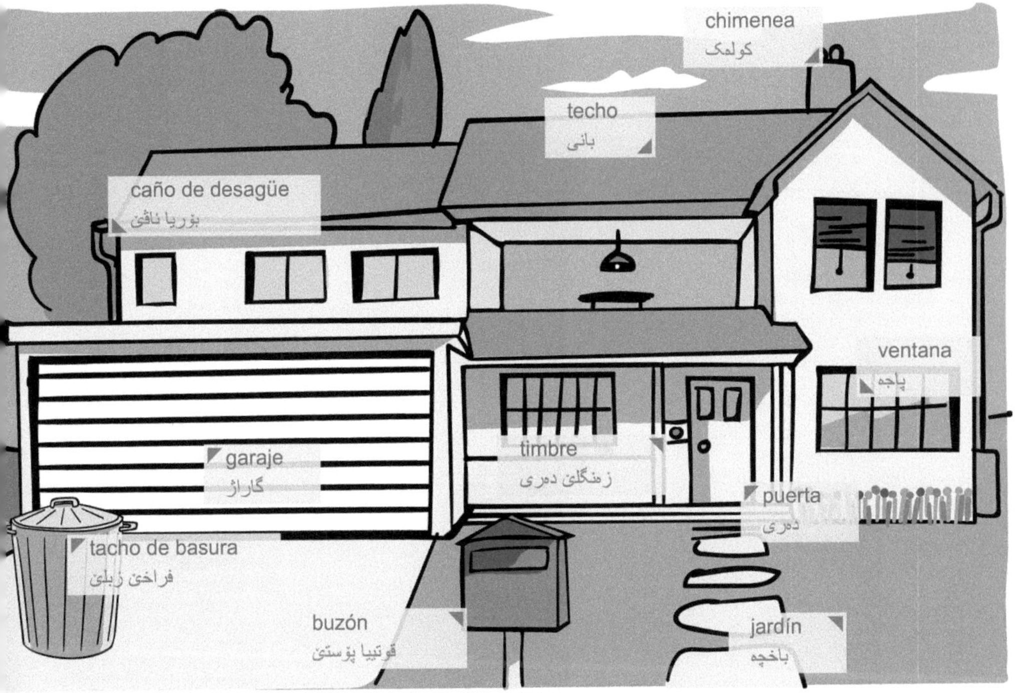

chimenea
كولەك

techo
بانى

caño de desagüe
بۆريا ئاڤئ

ventana
پاجە

garaje
گاراژ

timbre
زەنگلئ دەرى

puerta
دەرى

tacho de basura
فراخئ زيلئ

buzón
قوتيا پۆستئ

jardín
باخچە

living
نۆدا روونشتنئ

baño
هەمام

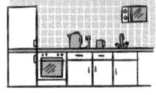

cocina
مەتبەخ

dormitorio
نۆدا خەوئ

cuarto de los chicos
نۆدەيا زارۆک

comedor
نۆدا شيڤئ

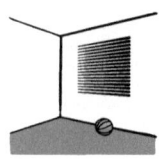

piso

بنی

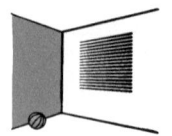

pared

دیوار

cielorraso

بهربان

sótano

خمنزک

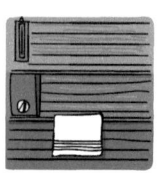

sauna

ساونا

balcón

بالکون

terraza

بهردانک

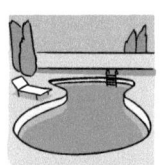

pileta

هدوزا مهلهقانی

cortadora de pasto

چیمدن بر

sábana

مهلهدفه

acolchado

بهتانی

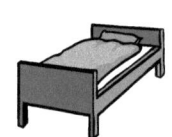

cama

نفِین

escoba

گهزک

balde

ساتل

interruptor

کلیل

# living

## ئۆدا روونشتنێ

empapelado
كاخەزێ ديوار
imagen
وێنە
lámpara
لامپا
estante
رەف
armario
دۆلاب
televisión
تەلەفيسيۆن
chimenea
ئاگردان
flor
كوليلک
almohadón
سەرين
sofá
قەنەپە
florero
گولدانک
control remoto
كۆنترۆلا دوور


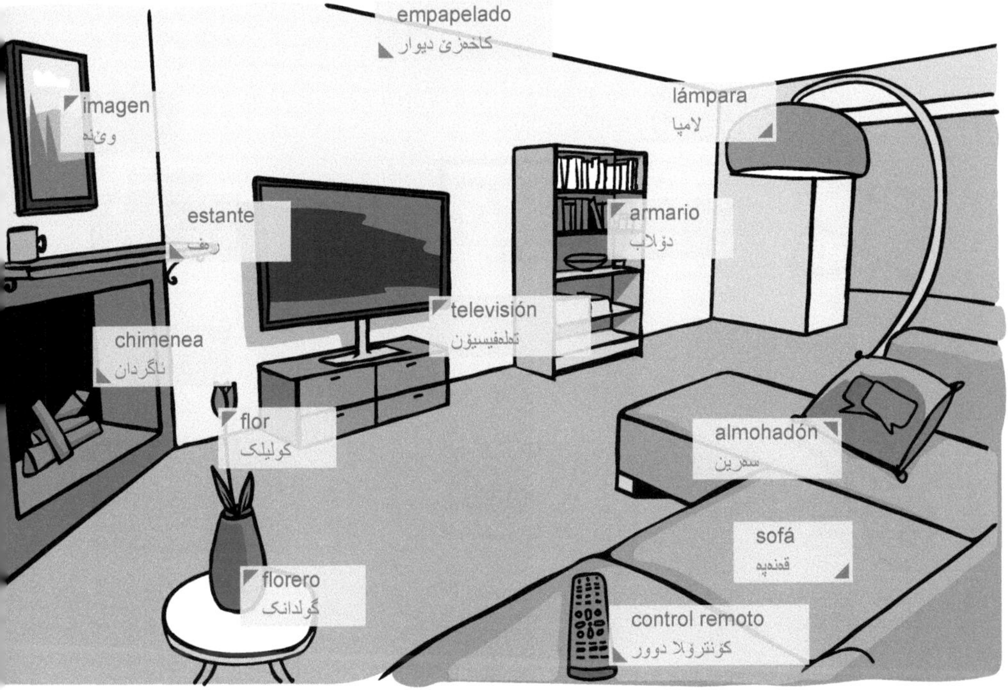

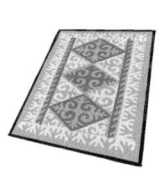

alfombra

خاليچە

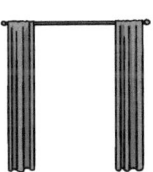

cortina

پەردە

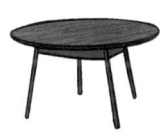

mesa

مێز

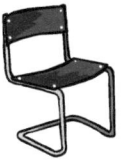

silla

كورسى

mecedora

كورسيا هەژانۆک

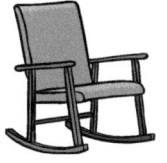

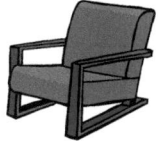

sillón

كورسى

libro

پرتووک

frazada

بەتانى

decoración

خەملاندن

leña

ئێزنگ

película

فيلم

equipo de música

هـ‌ف

llave

كليل

diario

رۆژنامە

pintura

نيگار

póster

پۆستەر

radio

ر‌اديۆ

cuaderno

دەفتەر

aspiradora

سڤنكا نەڵمەكترىكى

cactus

كاكتووس

vela

مۆم

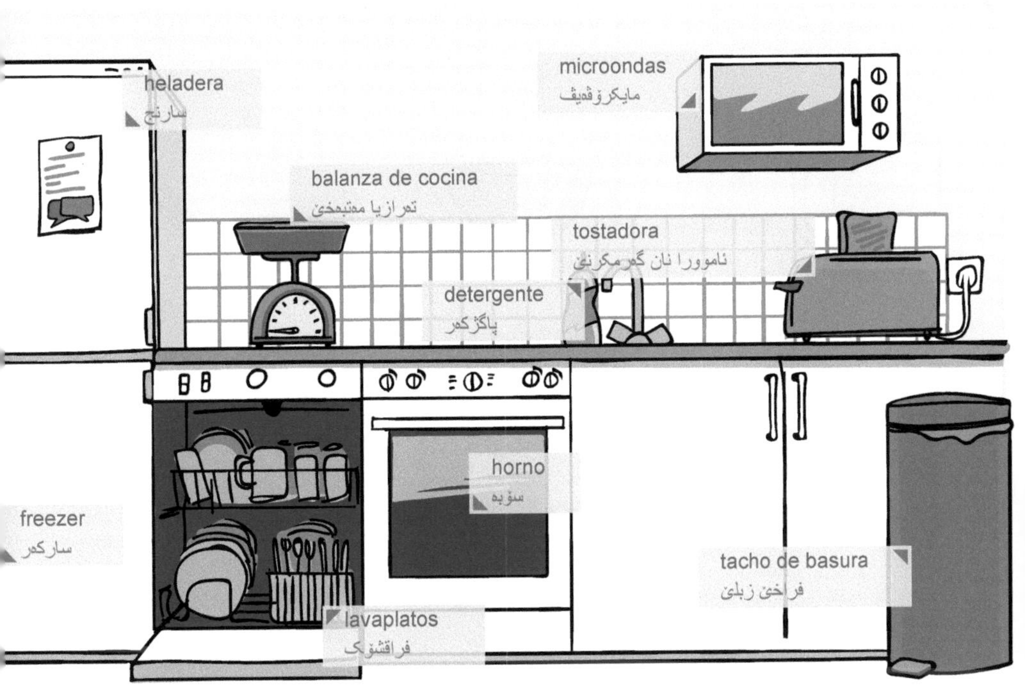

heladera
سارێنج

microondas
مایکرۆڤێڤ

balanza de cocina
تەرازیا مەتبەخێ

tostadora
ناموورا نان گەرمکرنێ

detergente
پاگژکەر

horno
سۆبە

freezer
ساركەر

tacho de basura
فراخێ زبلێ

lavaplatos
فراقشۆرک

cocina

سۆبە

olla

نامان

olla de hierro fundido

نامای نووتوو

wok

فراقێ مەزن

sartén

دیزک

pava

كەتلینک

vaporera

فراقئ هلمئ

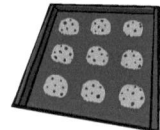

bandeja de horno

سئنئ نانئن

vajilla

فراق

taza

پئاله

bol

كاسک

palitos

دارئ نانخوارن

cucharón

همسک

estpátula

كدڤچبا معزن

batidora

رینهک

colador

كدڤگیر

colador

بئژنگ

rallador

رئشكدر

mortero

دسستار

parrilla

براشتن

fogata

ناگرئ قالا

tabla de picar

تەختەیا بڕینێ

palo de amasar

دارکێ نێری

sacacorchos

دەفک بادەک

lata

قووتی

abrelatas

قووتیڤەکر

manopla

جاوێ نامانان

pileta

دەستشۆ

cepillo

فرچە

esponja

پارازوا

batidora

تەڤدێر

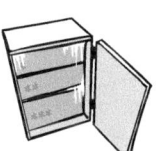

congelador

ساڕکەرێ جەمەدی

mamadera

شووشە بەبکان

canilla

هەنەفی

calefacción
گه‌رمژانک

ducha
دووش

toalla
خاولی

cortina de ducha
په‌رده‌یا هه‌مامی

baño de espuma
که‌فئ‌ی هه‌مام

bañadera
هه‌وزا هه‌مام

vaso
قه‌ده‌ه

lavarropas
جلشۆک

baldosas
ناجوور

canilla
هه‌نه‌فی

pelela
تووالەتا زارۆکان

pileta
ده‌ستشۆ

| | | |
|---|---|---|
| inodoro | letrina | bidé |
| تووالەت | تووالەتا ئه‌ردی | تووالەت |
| mingitorio | papel higiénico | cepillo para el inodoro |
| نافدستخانا مێزران | کاخه‌زا تووالەت | فرشیا تووالەت |

cepillo de dientes

فرچیا دران

dentífrico

ممجوونا دران

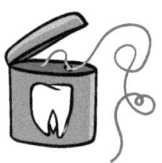

hilo dental

نمخا ددان

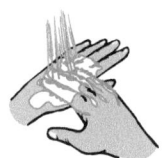

lavar

شووشتن

ducha de mano

دووشێ دستێ

ducha higiénica

دووش

palangana

دەستشۆ

cepillo para espalda

فرچا پشت

jabón

سابوون

gel de ducha

جێلێ هەمام

shampoo

شامپۆ

toallita

فانيلە

desagüe

زێراب

crema

کرێم

desodorante

بێهن خوشکر

espejo

مریێک

espejito

مریێکا دەستی

maquinita de afeitar

گووزان

espuma de afeitar

کەفی تەراشینی

aftershave

ممجوونا پشتی تەراشینی

peine

شەنە

cepillo

فرچە

secador de pelo

پۆر هیشککر

spray

سپرایا پۆری

maquillaje

کۆزمەتیک

lápiz de labios

سۆرافک

esmalte para uñas

رەنگئ نینۆک

algodón

پەمبوو

tijera para uñas

مەقەستا نینۆک

perfume

پارفووم

portacosméticos

چەوالێن هممامێ

banqueta

کورسیا بوێشت

balanza

تەرازی

bata

کنجا هممامێ

guantes de goma

لپکا لاستیکێ

tampón

تامپۆن

toallita femenina

خاولیا پاقژکرنێ

baño químico

توالەتا کیمییەوی

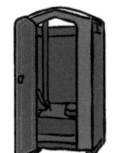

# cuarto de los chicos

## ئۆدەیا زارۆک

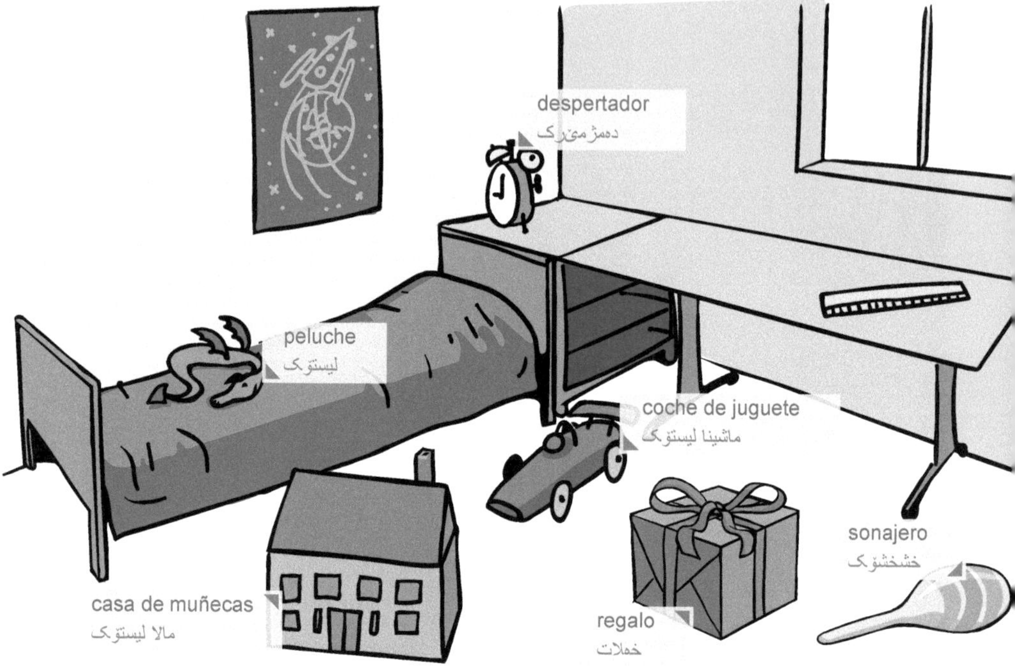
despertador
دەمژمێرک
peluche
لیستۆک
coche de juguete
ماشینا لیستۆک
sonajero
خشخشۆک
casa de muñecas
مالا لیستۆک
regalo
خەلات

globo

پفدانک

cama

نڤین

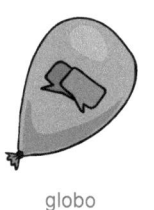

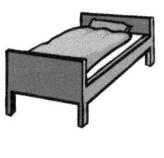

cochecito

کۆچک

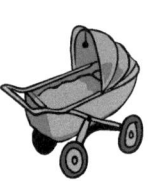

cartas

لیستکا کارتێ

rompecabezas

فریزبی

SUPER MEGA

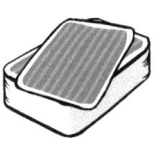

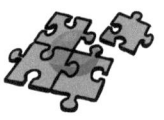

historieta

کۆمیک

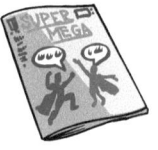

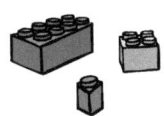

piezas de lego

ناجوورا لێگۆ

ladrillos de juguete

ناجوورا لیستۆک

figura de acción

بووکە شووشە

enterito (de bebé)

کنجا بەبکان

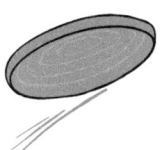

frisbee

فرزبی

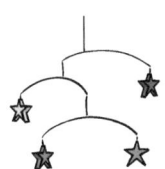

móvil para bebés

قەگو هەستن

juego de mesa

لیستکێن تەختە

dados

مۆر

tren eléctrico

مۆدێلا ترێنێ

chupete

مەمک

fiesta

جەژن

libro de cuentos ilustrado

کتێبا وێنە

pelota

تۆپ

muñeca

بووکە شووشە

jugar

لەیستن

arenero

كونا خيزئ

hamaca

جولانه

juguetes

ليستوكان

consola de videojuegos

ليستكا فيدۆيى

triciclo

سئچهرخه

osito de peluche

هرچا ليستوك

armario

جلدانك

# ropa

كنج

medias

گۆره

medias panty

گۆره

calzas

دەرپئگۆرئ

bufanda
شال

paraguas
چەتر

remera
کراس

cinturón
قایش

botas
شمكال

pantuflas
سۆلكێ ناڤ مالێ

zapatillas
سۆلک

sandalias

سۆلک

zapatos

سۆل

botas de goma

پۆتينا چەرمئ

ropa interior

پانتۆلئ ژێر

corpiño

پئ‌سير‌بەند

chaleco

چمكبەند

body

جەندەک

pantalones

پانتۆل

jeans

ژ مانس

pollera

دامان

blusa

كر اس

camisa

كر اس

pulóver

فانێله

buzo

فانێله

blazer

جاكێت

campera

ساكۆ

tapado

چاكەت

piloto

بارانی

traje

لەباس

vestido

فیستان

vestido de novia

جلی داوەتئ

traje

چاکێت

camisón

پێجامە

pijama

پێجامە

sari

ساری

pañuelo para cabeza

لەچک

turbante

مێزەر

burka

هێزرام

caftán

کافتان

abaya

عەبا

traje de baño

کنجا ئاژنەیکرن

short de baño

جلکا مەلەقانی

shorts

شۆرت

jogging

جلا هەقۆژکاری

delantal

پێشمال

guantes

لەپک

botón

دوگمه

anteojos

چاۆک چاوبه‌ر

pulsera

بازن

collar

گه‌ردنی

anillo

گوستیل

aro

گوهارک

gorra

كڵاو

percha

هه‌لاویستمک

sombrero

کلاو

corbata

کراوات

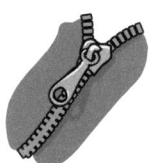

cierre

زیپ

casco

سه‌رپارێز

tiradores

ده‌رزی

uniforme escolar

کنجا دبستانی

uniforme

یونیفۆرم

babero

بەردلک

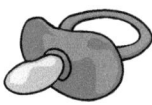

chupete

مەمک

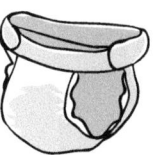

پەڵال

پۆنداخ

# oficina

ئۆفیس

servidor
پێشکەشکەر

archivero
دۆڵابێن بەلگە

impresora
چاپەر

monitor
نیشاندەر

papel
کاخەز

mouse
مشک

escritorio
مایسە

carpeta
دەفتەر

teclado
کلافیە

tacho (de basura)
سەپەتا کاخەزێ

silla
کورسی

computadora
کۆمپیوتەر

taza de café

کاسکا قەهوە

calculadora

هەسابکەر

internet

ئینتەرنەت

laptop

كومپيوتېرا لاپتوپ

carta

نامه

mensaje

پەيام

celular

تەلەفۆنا مۆبيل

red

تۆر

fotocopiadora

مەكينا فۆتۆكۆپى

software

سۆفتوارە

teléfono

تەلەفۆن

tomacorriente

سۆجكدتا فيشمەك

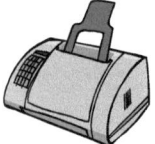

fax

مەكينا فاخئ

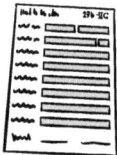

formulario

فۆرم

documento

بەلگە

comprar

كرين

pagar

پەرە دان

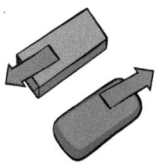

hacer negocios

بازرگانى

dinero

پەرە

dólar

دۆلار

euro

يۆرۆ

yen

يەنى ژاپۆنى

rublo

رۆبلى رووسى

franco suizo

فرانكى سويسى

yuan

يوانى چينى

rupia

رووپى هندى

cajero automático

ممكينا ژخومبەرا دراڤ

casa de cambio

نؤفيسا پهره قدگو هارتتى

oro

زئر

plata

زيث

petróleo

نهقت

energía

وزه

precio

بها

contrato

پهيمان

impuesto

تاخ

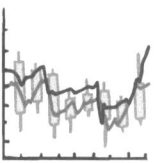

acción

سمهام

trabajar

كاركرن

empleado

كاركهر

empleador

كاردا

fábrica

فابريكا

negocio

دكان

# ocupaciones

## پرۆفەسیۆن

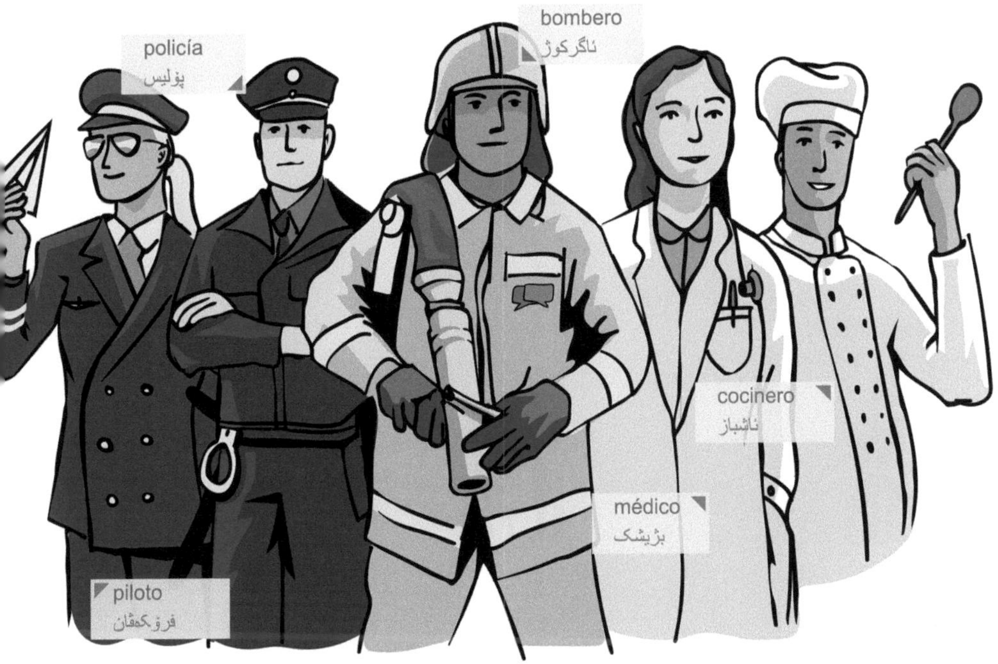

policía
پۆلیس
bombero
ئاگرکوژ
cocinero
ئاشباز
médico
پزیشک
piloto
فرۆکەڤان


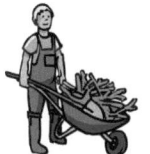

jardinero

باخچەڤان

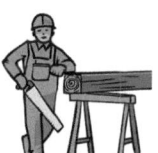

carpintero

نەجار

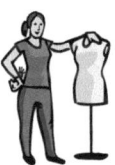

modista

درووناڤان

juez

هاکم

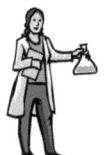

farmacéutico

شیمیازان

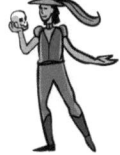

actor

شانۆگەر

colectivero

شۇفيرى باسى

taxista

شۇفيرمكى ئاكسىى

pescador

ماسىقان

mucama

پاگژكەر

techista

چېنكرى بانى

mozo

بەركار

cazador

نئچرقان

pintor

رەنگرىس

panadero

نانپېژ

electricista

كارمباقان

albañil

نافاكەر

ingeniero

ئەندەزيار

carnicero

قەساب

plomero

لوولەمكار

cartero

پۆستەقان

soldado

نەسكەر

arquitecto

میمار

cajero

درافگەر

florista

فرۆتكارا چیچەكان

peluquero

پۆرچئكەر

cobrador

ناژۆقان

mecánico

مەكانیك

capitán

كەشتیقان

dentista

پزیشكا ددانان

científico

زانستیار

rabino

روحان

imán

ئیمام

monje

كەشە

sacerdote

كەشیش

# herramientas

## ئامووران

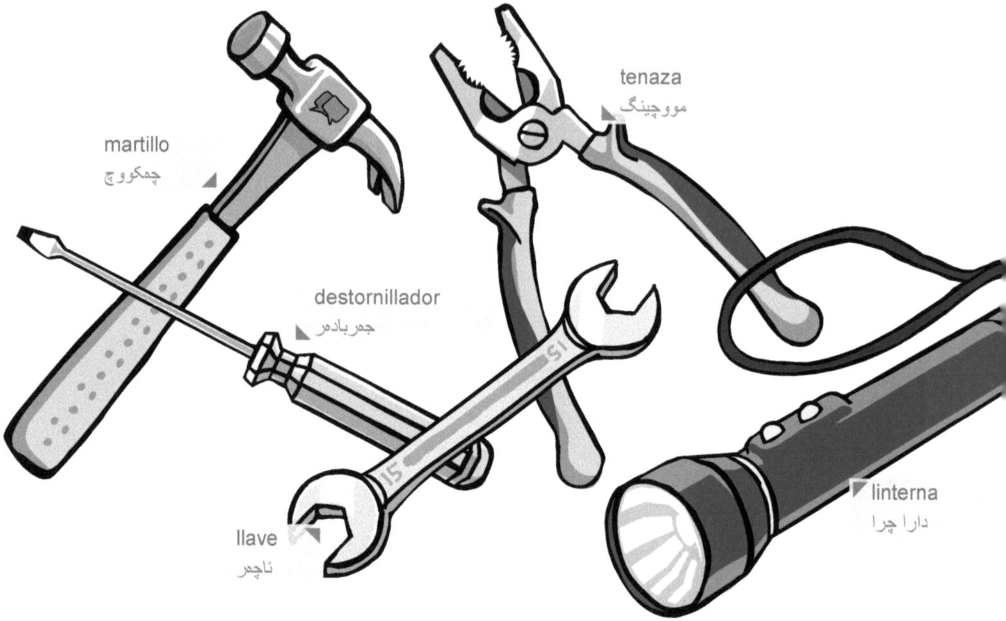

martillo
چەکووچ
tenaza
مووچینگ
destornillador
جەربادەر
llave
ئاچەر
linterna
دارا چرا


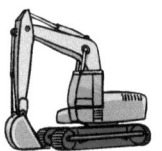

excavadora

شۆفەل

caja de herramientas

قووتیا ئامووران

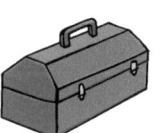

escalera portátil

پەیژە

sierra

مشار

clavos

میخ

taladro

قولکرن

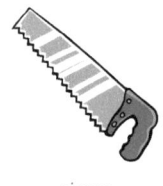

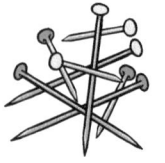

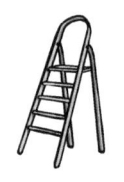

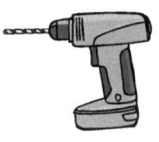

arreglar

چی‌کرن

pala de jardín

مەربێر

¡Qué bronca!

نالەت!

pala de plástico

بێل

tacho de pintura

قووتیا رەنگێ

tornillos

جەمر

# instrumentos musicales

## ئامووری‌ن مووزیکی‌

parlante
بلیندگۆ

batería
کۆمی‌ دەهۆل

guitarra
گیتار

contrabajo
جۆرەییا گیتار

trompeta
زرنا

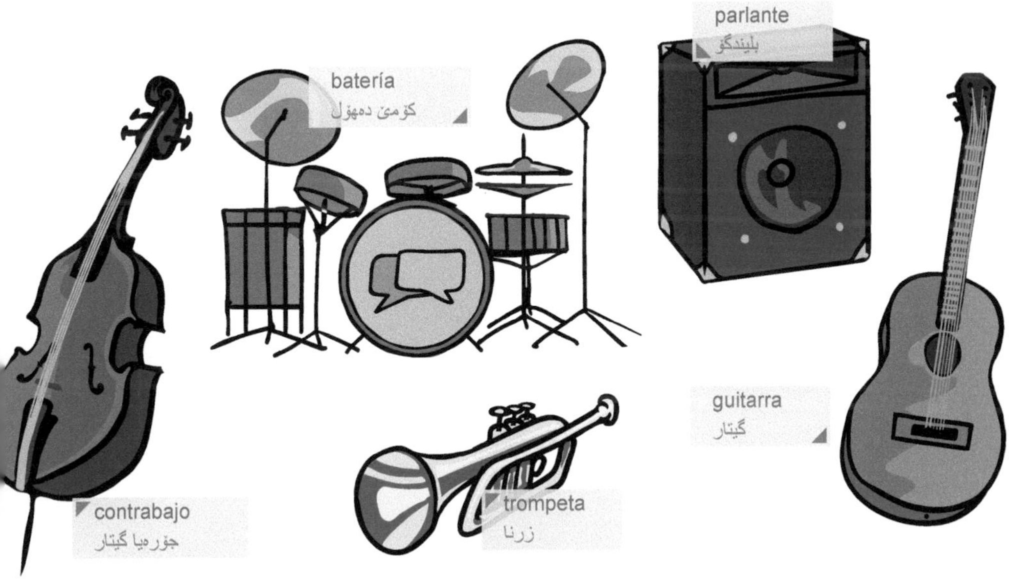

piano

پیانو

violín

ڤیۆلین

bajo

باس

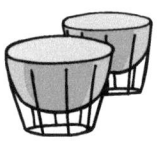

timbales

دمبۆل

tambor

داهۆل

teclado

کیبیۆارد

saxofón

ساکسۆفۆن

flauta

بلوور

micrófono

میکرۆفۆن

# zoológico

# باخچا هەیوانان

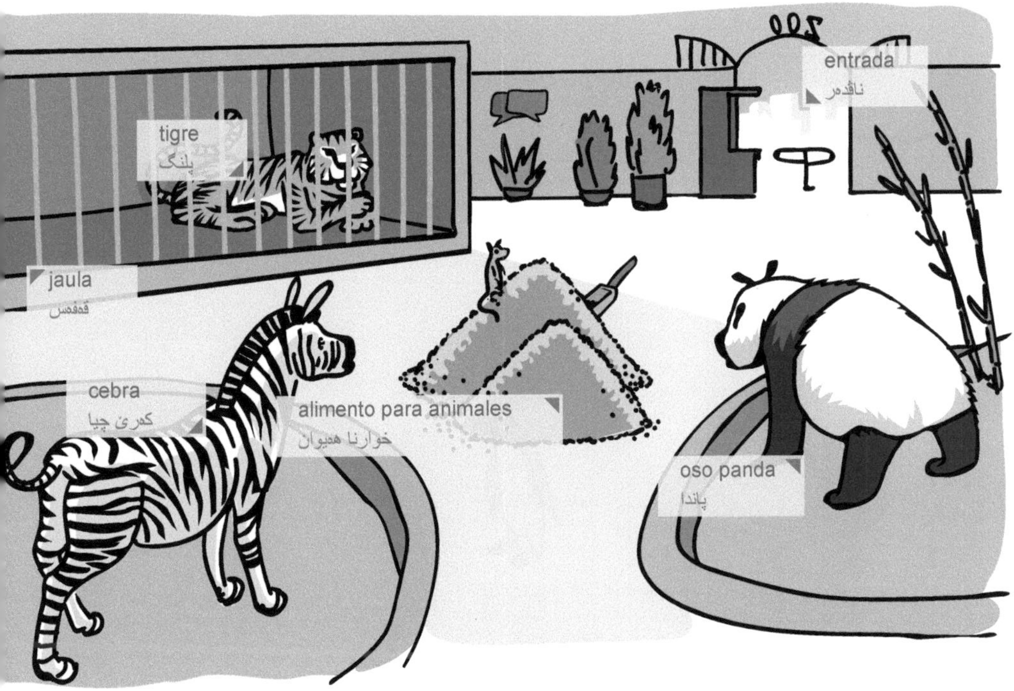

entrada
ناقدەر
tigre
پلنگ
jaula
قەفەس
cebra
کەری چیا
alimento para animales
خوارنا هەیوان
oso panda
پاندا


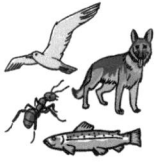

animales
.................
هەیوان

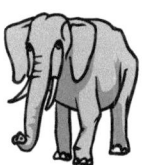

elefante
.................
فیل

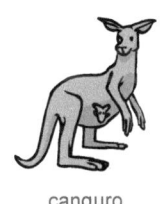

canguro
.................
کانگاروو

rinoceronte
.................
کەرکەدەن

gorila
.................
گوریل

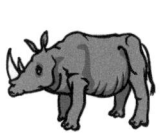

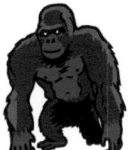

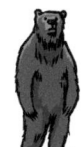

oso
.................
هرچ

camello

هیْشترَ

avestruz

هیْشترَ مد

león

شیِر

mono

میمون

flamenco

فلامینگو

loro

پاپاخان

oso polar

هرچا جدمسعری

pingüino

پنگوین

tiburón

سمماسی

pavo real

تاووس

serpiente

مار

cocodrilo

تَمساه

cuidador del zoológico

پاریزدرا باخچا ناژاالان

foca

سدیا ددریا

jaguar

پلنگ

zoológico - باخجا همیوانان

poni

همسپ

leopardo

پلنگ

hipopótamo

همسپئ رووبار

jirafa

جانهئ شتر

águila

هملؤ

jabalí

بعرازئ کؤڤئ

pescado

ماسی

tortuga

کووسی

morsa

والراس

zorro

رؤڤئ

gacela

خدزال

fútbol americano
فووتبۆلی ئامەریکا

ciclismo
بسکلین‌سۆان

tenis
تەمیس

básquet
باسکێتبۆل

natación
ناقژ دنیکرن

boxeo
بۆکسنگ

hockey sobre hielo
هۆکیا سەر جەمەدیی

fútbol
.....................
فووتبۆل

bádminton
.....................
بادمنتۆن

atletismo
.....................
یی ئاتلەتیزمی

handball
.....................
هەندبۆل

esquí
.....................
بەفراژۆتن

polo
.....................
پۆلۆ

# actividades

## چالاکیان

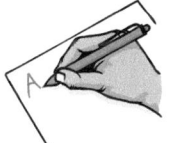

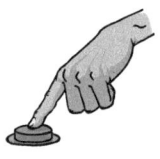

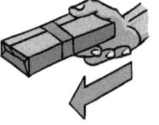

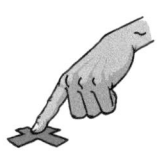

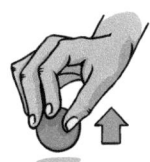

reír
کەنین
saltar
هلپەکە
abrazar
هەمبێز
caminar
برێڤەچوون
cantar
لاوژە گوتن
soñar
خەون دیتن
rezar
نمێژ کرن
besar
ماچکرن

escribir

نڤیساندن

dibujar

نیگار کێشان

mostrar

نیشان دان

presionar

پالدان

dar

دایین

tomar

راکرن

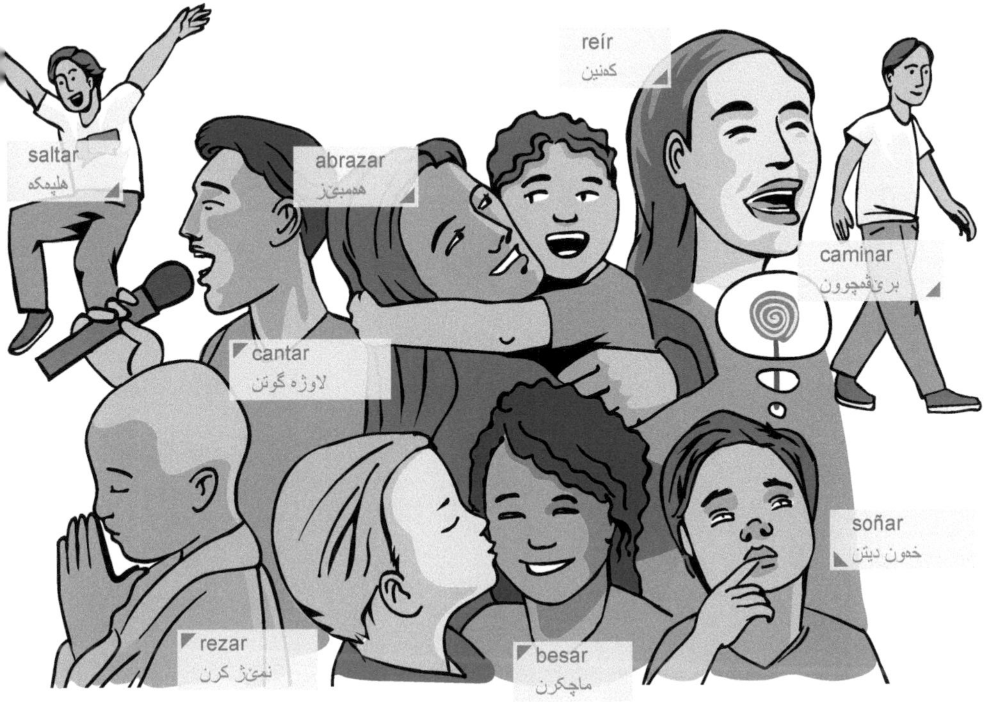

tener

همبین

hacer

کرن

ser

بوون

estar parado

سمکنین

correr

بازدان

tirar

کشاندن

tirar

ئافڕێتن

caer

کەوتن

estar acostado

دەرمو کرن

esperar

سمکنین

llevar

گوهەزتن

estar sentado

روونشتن

vestirse

جل بەرکرن

dormir

رازان

despertar

رابوون

mirar

مێزه‌ كرن

llorar

گرين

acariciar

جملته

peinar

شه‌ كرن

hablar

پەیڤین

entender

فامكرن

preguntar

پرسكرن

escuchar

بهيستن

beber

قەخوارن

comer

خوارن

ordenar

كۆم كرن

amar

هەزكرن

cocinar

خوارن چێكرن

manejar

ئاژۆتن

volar

فڕين

navegar

کەشتیڕانی

calcular

هەژماردن

leer

خواندن

aprender

هێنبوون

trabajar

کارکردن

casarse

زەماوەند

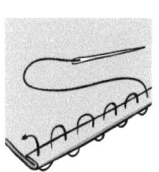

coser

دروتن

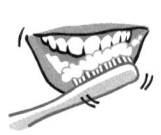

cepillarse los dientes

ددان شوشتن

matar

کوشتن

fumar

دووخان

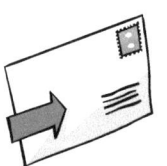

enviar

نشاندن

abuela
دادۍ

abuelo
بابير

madre
دی

padre
پلار

bebé
بچیمک

hija
کجه

hijo
زوی

invitado

مېلمان

tía

ترور

tío

ناپ/خال

hermano

ورا

hermana

خور

# cuerpo

## بەدەن

frente
ئەنی
ojo
چاڤ
cara
روو
pera
زەنی
dedo
تلی
mano
دەست
pecho
سینگ
brazo
پیل
hombro
مل
pierna
لنگ

bebé

بەبەک

hombre

مێر

mujer

ژن

nena

کەچ

nene

کوڕ

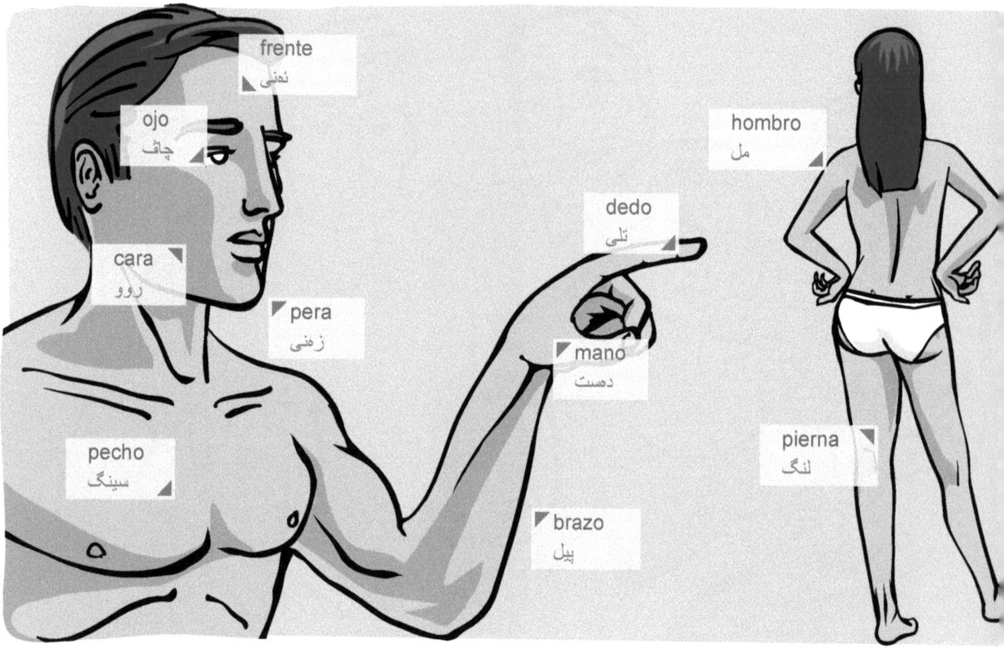

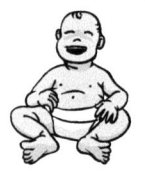

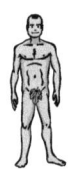

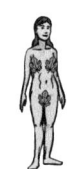

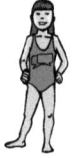

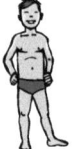

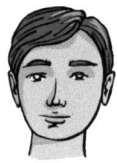

cabeza

سەر

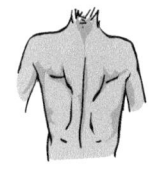

espalda

پشت

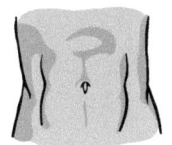

panza

زک

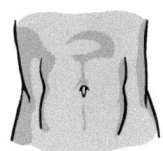

ombligo

ناف‌ک

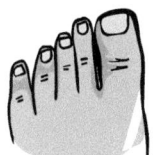

dedo del pie

تلیبا پی

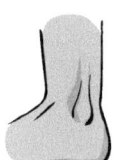

talón

پانی

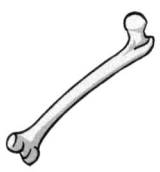

hueso

هسته‌ی

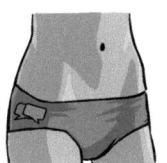

cadera

کورلیممک

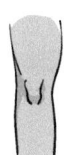

rodilla

ژوونی

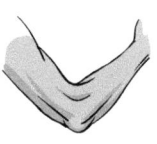

codo

نه‌نیشک

nariz

دفن

cola

قوون

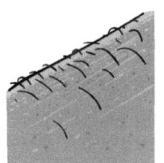

piel

چرم

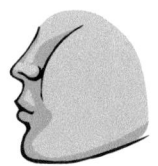

cachete

روو

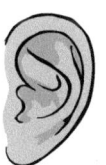

oreja

گووه

labio

لێپ‌ک

boca

دەف

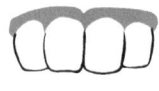

diente

دران

lengua

زمان

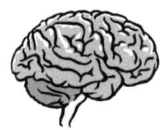

cerebro

مێژی

corazón

دل

músculo

ماسوول

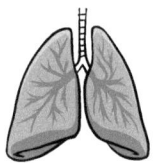

pulmón

جیگەرا سپی

hígado

جەگەر

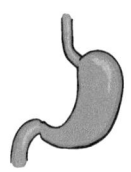

estómago

ماده

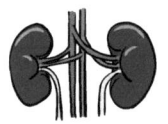

riñones

گورچکان

sexo

جۆتبوون

preservativo

کۆندۆم

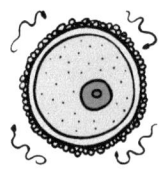

óvulo

هێک

semen

تۆف

embarazo

دووجانی

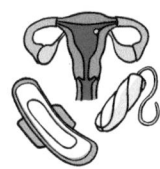

menstruación

ناده

vagina

قووز

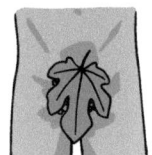

pene

کیر

ceja

بروو

pelo

پۆر

cuello

هووستوو

# hospital

## نەخوەشخانە

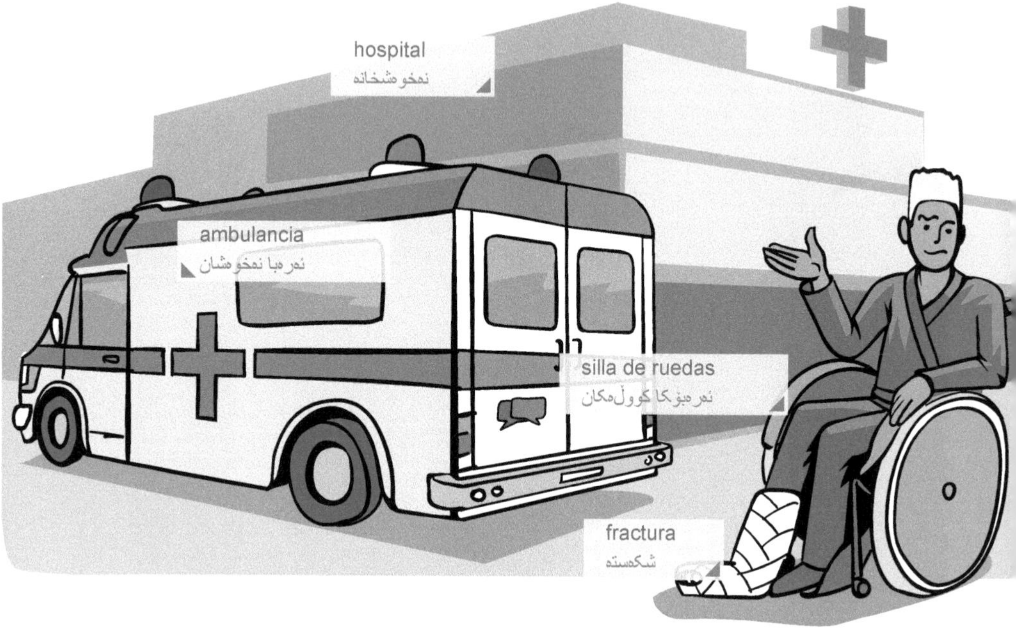

hospital
نەخوەشخانە
ambulancia
ئەرەبا نەخوەشان
silla de ruedas
ئەرەبۆکا کوولەکان
fractura
شکەستە

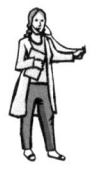

médico

بژیشک

sala de guardia

ئۆدا لەزگینێ

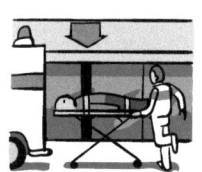

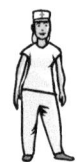

enfermera

نەخوەشیار

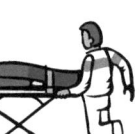

emergencia

ئاجیلییەت

inconsciente

بێهای

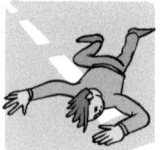

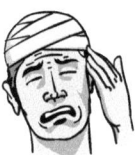

dolor

ئێش

lesión

برین

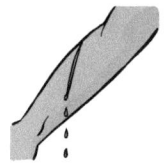

hemorragia

خوێنپژان

infarto

هێرشا دلی

ACV

جەلتە

alergia

ئالەرژی

tos

کۆخک

fiebre

تا

gripe

زکام

diarrea

ناڤچووین

dolor de cabeza

سەرێش

cáncer

قانسێر

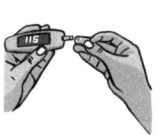

diabetes

نەخۆشیا شمكری

cirujano

ئەمەلیکار

bisturí

سكالپێل

operación

ئەمەلی

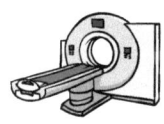

TC

جتٌ

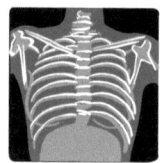

rayos x

سوورەتّى رۆنتگّنٚ

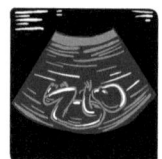

ecografía

نوولتراساوند

barbijo

ماسكّى روويّى

enfermedad

نەخوشى

sala de espera

ئۆدا سەكنينّى

muleta

گۆچان

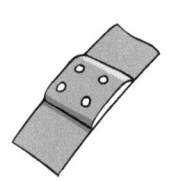

curita

شىٚل

venda

پاچّى برينىپّچانّى

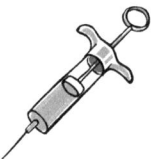

inyección

دەرزى

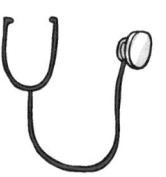

estetoscopio

بيستۆكا پزيشكى

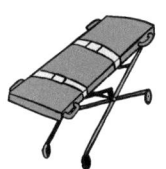

camilla

دارپەست

termómetro

تّى‌ھّنيقّا كلينيكى

nacimiento

زايين

sobrepeso

قەلمو

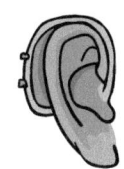

audífono

ناليكاريا بهيستنئ

desinfectante

باكتريكوژ

infección

كۆتيبوون

virus

ڤيرووس

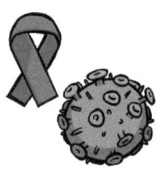

VIH / SIDA

هف / نادس

remedio

دەرمان

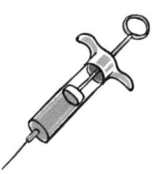

vacunación

كوتان

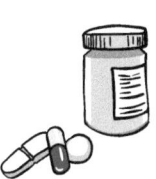

comprimidos

هەبان

pastilla anticonceptiva

هەب

amada de emergencia

لەزگين

tensiómetro

ديمەندەرى پەستۆ خوين

enfermo / sano

نەخوۆش / ساخ

¡Ayuda!
هەوار!

alarm a
نالارم

agresión
نۆرىش

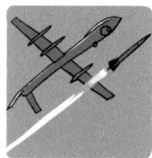

ataque
نۆرىشكرن

peligro
تالووك

salida de emergencia
دەركەتنا ناجل

¡Fuego!
ناگر!

matafuego
ناگر قەمراندنى

accidente
قەزا

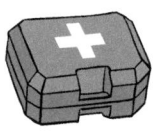

botiquín de primeros
auxilios
ئالەتێن ئاليكاريا يەكەم

SOS
سۆس

policía
پۆليس

Europa

ئەورۆپا

América del Norte

نامېريكايا باكوور

América del Sur

نامېريكايا باشوور

África

نافريكا

Asia

ناسيا

Australia

ناووسترالىا

Atlántico

ناتلانتىك

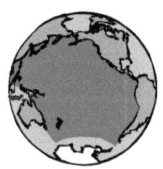

Pacífico

ئۆكيانووسا مەزن

Océano Índico

ئۆكيانووسا هندى

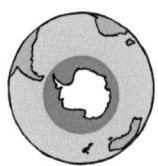

Océano Antártico

ئۆكيانووسا نانتاركتىكا

Océano Ártico

ئۆكيانووسا ئاركتىك

polo norte

جەمسەرا باكوور

polo sur

چەمسمرا باشوور

Antártida

نانتارکتیکا

Tierra

نەرد

tierra

خاک

mar

بەھر

isla

گەرووود

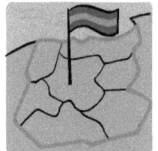

nación

تەھلأم

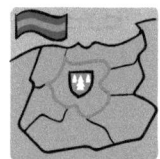

estado

ۆەلات

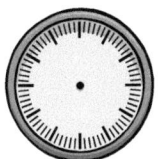

esfera

صفحه ساعت

manecilla de las horas

عقربه نشاندهنده ساعت

minutero

عقربه نشاندهنده دقیقه

segundero

عقربه نشاندهنده ثانیه

¿Qué hora es?

ساعت چنده؟

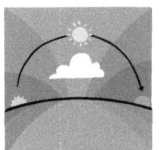

día

روز

hora

دم

ahora

الان

reloj digital

ساعت دیجیتال

minuto

دقیقه

hora

ساعت

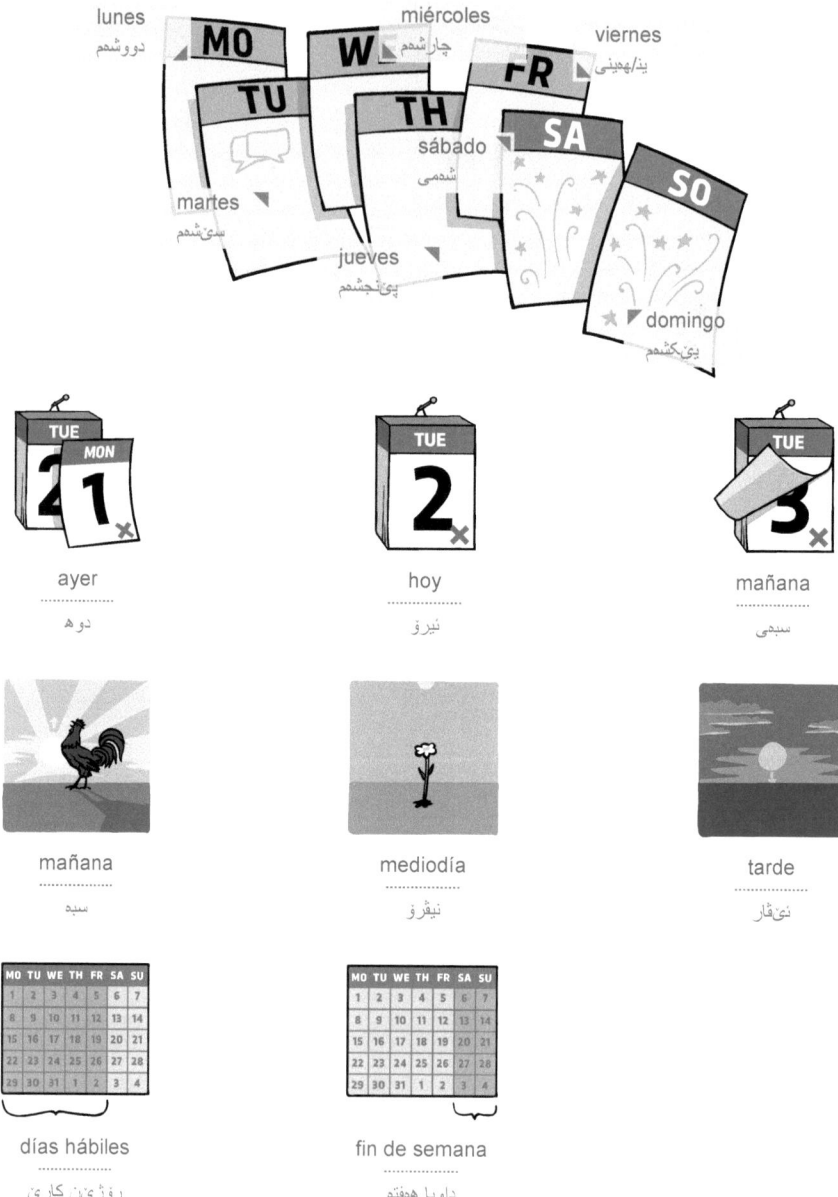

lunes
دووشەم

miércoles
چارشەم

viernes
یەذ/هەینی

martes
سێشەم

jueves
پێنجشەم

sábado
شەمی

domingo
یەکشەم

ayer
دوه

hoy
نیرۆ

mañana
سبەی

mañana
سبە

mediodía
نیڤەڕۆ

tarde
ئێوار

días hábiles
رۆژێن کاری

fin de semana
داویا هەفتە

# año

# سال

lluvia
باران
arco iris
کەسکەسۆر
viento
با
nieve
بەفر
primavera
بهار
verano
هاڤین
otoño
پاییز
invierno
زڤستان


4.APRIL 11°
5.APRIL 4°
6.APRIL 13°
7.APRIL 8°
8.APRIL 10°


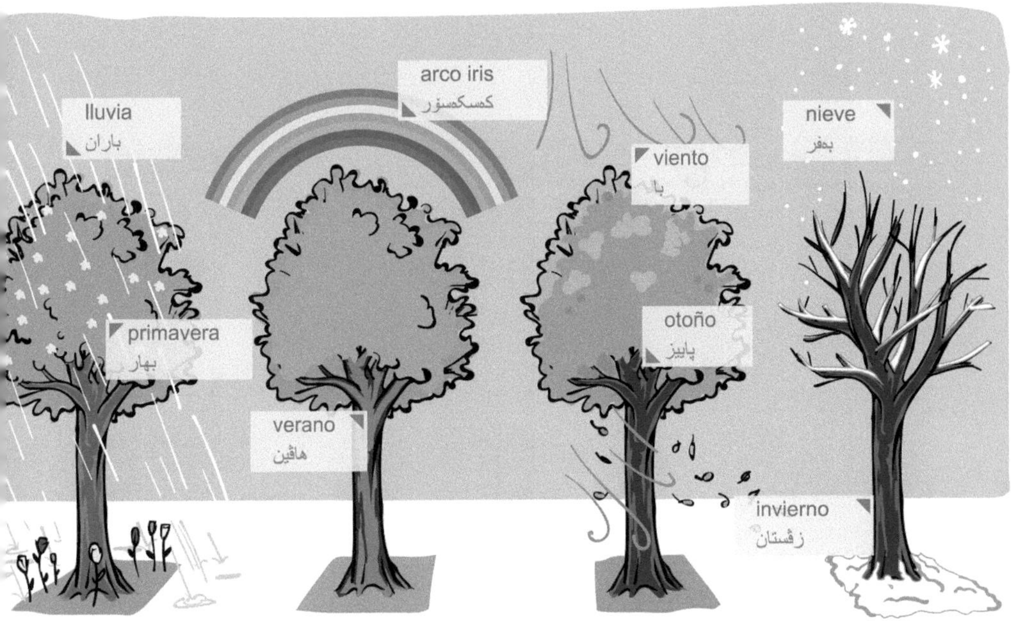

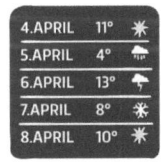

pronóstico meteorológico

پێشبینیا هەوا

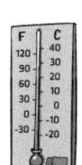

F C
120 40
90 30
60 20
30 10
0 0
-30 -10
-20


termómetro

تمهنپیڤ

luz del sol

تاڤ

nube

هەور

niebla

مژ

humedad

هێمی

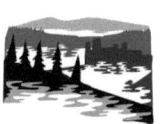

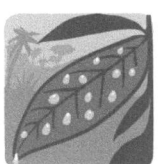

rayo

برق

trueno

برووسک

tormenta

تۆفان

granizo

تەرگ

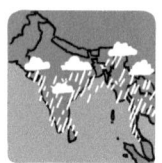

monzón

مانسوون

inundación

لافاو

hielo

جەمەد

enero

ڕێبەندان

febrero

رەشەمە

marzo

نەورۆز

abril

گوڵان

mayo

جۆزەردان

junio

پووشپەڕ

julio

گەلاوێژ

agosto

خەرمانان

septiembre

رەزبەر

octubre

کەوچێر

noviembre

سەرماوەز

diciembre

بەفرانبار

# formas

شێوە

círculo

چەمبەر

cuadrado

چارچک

rectángulo

چارقوزی

triángulo

سێقوزی

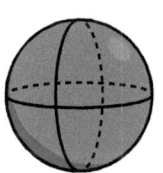

esfera

قادا

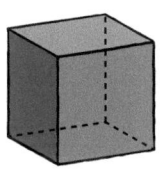

cubo

خشتەک

blanco

سپی

amarillo

زەرد

naranja

پرتەقالی

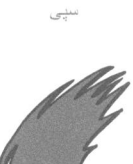

rosa

پەمەیی

rojo

سوور

violeta

مۆر

azul

شین

verde

کەسک

marrón

قاوەیی

gris

خۆڵەمێشی

negro

ڕەش

mucho / poco

زۆر / کەم

enojado / tranquilo

ب هێزرس / بێدەنگ

lindo / feo

بەدەو / نەرەند

principio / fin

دەستپێک / داوی

grande / chico

مەزن / بچووک

claro / oscuro

رۆنی / تاری

hermano / hermana

براک / خوشک

limpio / sucio

پاکژ / گریژ

completo / incompleto

تەڤی / نەتەمام

día / noche

رۆژ / شەڤ

muerto / vivo

مری / زندی

ancho / angosto

فرە / تەنگ

comestible / no comestible

خوش / نمخوش

malo / amable

نمباش / باش

entusiasmado / aburrido

ب هیمجان / ناجز

gordo / flaco

قطمو / زراف

primero / último

یمکممین / داوین

amigo / enemigo

همڤال / دژمن

lleno / vacío

نژی / ڤالا

duro / blando

رمق / نمرم

pesado / liviano

گران / سڤک

hambre / sed

برچی / تینی

enfermo / sano

نمخومش / ساخ

ilegal / legal

نمقانوونی / قانوونی

inteligente / estúpido

رموشمنبیر / بالووله

izquierda / derecha

چپپ / راست

cerca / lejos

نئزی / دوور

nuevo / usado

نوو / بکارهاتی

nada / algo

هیچ / تشتمک

viejo / joven

کال / جوان

encendido / apagado

ل / ژ

abierto / cerrado

فمکری / گرتی

silencioso / ruidoso

نارام / دەنگبلند

rico / pobre

دەولەمەند / رەبەن

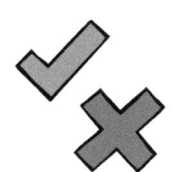

correcto / incorrecto

راست / شاش

áspero / suave

در / هلوو

triste / contento

خەمگین / شا

corto / largo

کورت / درێژ

lento / rápido

هێدی / زوو

mojado / seco

شل / زوا

caliente / frío

گەرم / هۆنک

guerra / paz

شەر / ئاشتی

**0**

cero

سفر

**1**

uno

یەک

**2**

dos

دوو

**3**

tres

سێ

**4**

cuatro

چار

**5**

cinco

پێنج

**6**

seis

شەش

**7**

siete

حەوت

**8**

ocho

هەشت

**9**

nueve

نۆ

**10**

diez

دە

**11**

once

یازده

**12**

doce

دازده

**13**

trece

سیزده

**14**

catorce

چارده

**15**

quince

پازده

**16**

dieciséis

شازده

**17**

diecisiete

همفده

**18**

dieciocho

همژده

**19**

diecinueve

نۆزدهه

**20**

veinte

بیست

**100**

cien

سهد

**1.000**

mil

ههزار

**1.000.000**

millón

ملیۆن

inglés

نینگلیزی

inglés americano

ئىنگلىزيا نامېرىكى

chino mandarín

چىنى ماندارىن

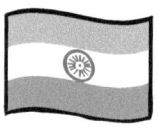

hindi

ھىندى

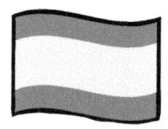

español

ئىسپانيولى

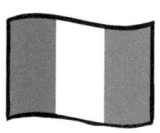

francés

فرنسى

árabe

ئەرەبى

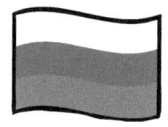

ruso

رووسى

portugués

پۆرتوگالى

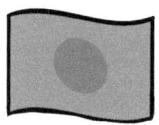

bengalí

بەنگالى

alemán

ئەلمانى

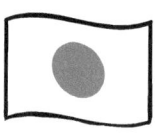

japonés

ژاپونى

yo

من

vos

تو

él / ella

ئەو / ئەڤ / ئەو

nosotros

ئەم

ustedes

تو

ellos

ئەو

¿quién?

کی؟

¿qué?

چ؟

¿cómo?

چاوا؟

¿dónde?

کیدەرێ؟

¿cuándo?

کەنگی؟

nombre

ناڤ

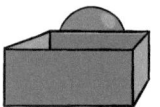

detrás

پشتی

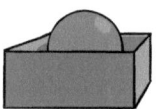

en

adelante de

پیشی

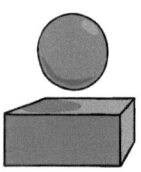

por encima de

سهر

sobre

سهر

debajo de

بن

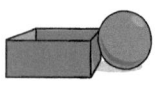

al lado de

کئڵهک

entre

ناڤبهر

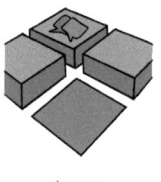

lugar

جه